Diário de Porto Pim

Fernando Moreira Salles

Diário de Porto Pim
e outros poemas

ILUMI//URAS

Copyright © 2020
Fernando Moreira Salles

Copyright © desta edição
Editora Iluminuras Ltda.

Edição
Heloisa Jahn

Capa e projeto gráfico
Eder Cardoso / Iluminuras

Imagem da capa
Iole de Freitas

Revisão
Bruno D'Abruzzo
Iluminuras

CIP-BRASIL. CATALOGAÇÃO NA PUBLICAÇÃO
SINDICATO NACIONAL DOS EDITORES DE LIVROS, RJ
S164d

    Salles, Fernando Moreira, 1946-
      Diário de Porto Pim / Fernando Moreira Salles. - 1. ed. - São Paulo : Iluminuras , 2020.
    134 p. : 21 cm.

    ISBN 978-6-555-19004-5

    1. Poesia brasileira. I. Título.

20-63507   CDD: 869.1
                        CDU: 82-1(81)

2020
EDITORA ILUMINURAS LTDA.
Rua Inácio Pereira da Rocha, 389 - 05432-011 - São Paulo - SP - Brasil
Tel./ Fax: 55 11 3031-6161
iluminuras@iluminuras.com.br
www.iluminuras.com.br

SUMÁRIO

DIÁRIO DE PORTO PIM

Navegante, 19
Simples assim, 22
Navegante, 26
Peregrino, 27
Da memória, 28
Sem melodia, 29
Paisagem do posto 3, 30
De passagem, 31
Contra Cortázar, 32
Cartografia, 33
Agenda, 34
Navegante, 35
Diário de bordo, 36
Sem sextante, 37

A CHAVE DO MAR

Legado, 39
Voz, 40
Nu, 41
Noite, 42
Paisagem, 43
Ritos de passagem, 44
Do tempo, 45
Ícaro, 46
Memorando, 47
Beleza, 48
Anotação de viagem, 49
Corpo presente, 50
Natal, 51
Despedida, 52
Visita, 53
Abismo, 54
Galo, 55
Maio, 56
Laudo, 58
Godot, 59
Contra Rousseau, 60
Contra Sartre, 61
Xilogravura, 62
Proustiana, 63
Espelho, 64
Linguística, 65
Cidades imaginárias, 66
Desiderato, 67
Travessia, 68
Rosa dos ventos, 69
A volta, 70
Legado, 71

HABITE-SE

Sobre elas, 73
Sirtaki, 74
Chronos, 75
Caminhada, 76
Tchá-tchá-tchá, 77
Declaração de bagagem, 78
Balanço geral, 79
Norte, 80
Fiat Lux, 81
Fonte, 83
Perguntar não ofende, 84
Sem maracas, 85
Evidência, 86
Revoada, 87
Vertigem, 88
Pois é, 89
Górdio, 90
Peregrino, 91
Iníqua, 92
Argonautas, 93
Tic-tac, 94
Viajante, 95
Contra Lavoisier, 96
Epitáfio, 97
Cartografia, 98
No jardim, 99
Ausência, 101
A passeio, 102
Autorretrato, 103
Brincadeira, 105
Permanência, 106
Bênção, 107
Retrato, 108
Vigília, 109
Soma zero, 110
Estelionato, 111

SER LONGE

Górdio, 113
Confiteor, 114
Triz, 115
Oração, 116
Memória, 117
Um por vez, 118
São Sebastião, 119
Embarque, 120
Eco, 121
Parati, 122
Rio Kwai, 123
Sem estrelas, 124
Ao caminhante, 125
Em tempo, 126
A Caronte, 127
Passarinhando, 128
Capri, 129
Chumbo, 130
Espera, 131
Lavra, 132

Diário de Porto Pim

e outros poemas

Esta coletânea reúne poemas dos livros
Ser longe (Companhia das Letras, 2003)
Habite-se (Companhia das Letras, 2005)
A chave do mar (Companhia das Letras, 2010)
Diário de Porto Pim (inédito)

Pesca
no fundo de ti mesmo
o peixe mais luzente

José Paulo Paes

DIÁRIO DE PORTO PIM

Ain't no angel
Gonna greet me

Bruce Springsteen

Navegante

Navegante
perdeu o mar
mas sonha
o seio da vela
no liso horizonte

Navegante
perdeu o norte
nos becos sem piedade
de toda
e parte alguma

E perdeu a si
nos sargaços da noite
no olhar indiferente
das sereias de cada porto

Navegante
irmão
não ousou o mar alto
nem os cabos
que dizem esperanças
lá
onde voam
os peixes de prata
que saúdam a passagem
dos que ousam

Navegante
de mares sonhados
e de amores
que o destino escondeu
para além de Porto Pim

Navegante
irmão
vai morrer
sem a chave do mar
desafiando ondas
mas perdido em medo
a cada poente

Navegante
sonha com Porto Pim
sem norte
no jardim dos deuses
que guardam o segredo
dos mares sem volta

Navegante
não descansarás
    nem mesmo esta noite
na ilha
onde a tua marca
na areia que for
a maré já levou

Navegante
irmão
esquecido dos deuses
destinos inúteis
vitórias e derrotas
levadas pela onda
te dedico este canto
mas sei
    nunca iremos
    a Porto Pim

Simples assim

Se vive
ama
se ama
fere

*

Onda
ou maré
nada
se demora

*

O que vive
se profana
na vertigem
de cada dia

Mais esta noite
agradeço
a coragem
de esperar a manhã

*

A cada manhã
a perda indizível
que a noite levou

*

Minha sombra
na noite
enfim
dona de si

Meu sonho
a si devora
a noite
faz o resto

*

Pouco fiz
senão olhar o mar
onde passam
aquelas velas
    brancas consciências
cheias de norte

*

No deserto
que piso
nem trilhas
nem pomar
às avessas

Hoje sei
 nem caminhos
 nem verdades
só poemas
como preces

 *

Meu verso
se soube
mínimo
como se quis

 *

Afinal
tudo se retrata
e se vai

Navegante

No ar que me falta
enfuno a vela
a boreste
ergo
esquálido estandarte
barão assinalado
aos becos deste mar
onde aves
devoram
peixes derradeiros
vidas de prata
que nadam
extáticas
no tempo
que resta

Peregrino

The song
is in the step

P. Auster

Caminho
meu passo pouco
nas calçadas quebradas
de meu dia

Caminho
porque sei
que a vida está no passo
até mesmo
aquele

Caminho
porque em mim
me perco

Caminho
dia afora
sonho adentro
porque é preciso

Da memória

Esquecer
é trair
até mesmo
o que não foi

Sem melodia

Além do passo
só a lembrança
de outros passos

Na bagagem
a memória
de que pouco fiz
ao passar

Paisagem do posto 3

Piso
o calor da areia
e o que posso lembrar

Quero
ainda
aquele horizonte

Ou então
fim
que não seja
começo

De passagem

No caminho
não plantei
nem pisei canteiros

No caminho
não colhi
aquela flor

Contra Cortázar

No poço
à espera
da estrela

Cada noite
apequena
meu sonho

Cartografia

O vento
não diz aonde vai
se sabe de Porto Pim
e de minha espera

Ainda assim
ergo a vela
a plena corda
e convoco as tempestades
e os deuses da noite
a mostrar o caminho
porque sei
que me perco
se não partir

Agenda

Do dia
só se leva
o desejo perdido

Navegante

Hei de aprender a outra margem
F. Alvim

hoje
ergo velas
e fixo o lastro
à minha quilha

a proa incauta
vou, sem luzes
ao liso horizonte
do amanhecer

não largo amarras
desta feita
pois nem sequer
soube atá-las

não sei dos astros
pro meu sextante
nem de sereias
por estes mares

mas posso, ainda
olhar as ondas
viver o vento
e a espera

Diário de bordo

Quando for
quero ir a Porto Pim
onde palavras
dão nome às coisas
onde as estrelas
contam a luz
que não é mais

Quero ir
aonde o tempo me queira bem
    lá
onde se saúda
o choro contido
e o gesto
de um abraço

Quando for
quero ir a Porto Pim
    a Pasárgada
onde sou
amigo de mim

Sem sextante

Minha nave
esquálida
parte
para Porto Pim

Deixo
tanto
mas trago
o que resta
de sonho e de fé

Um dia
quem sabe
o mar
me leva lá

Um dia
quem sabe
meu destino
morre sem mim

Legado

Não há dor
partilhável
nem lamento
que se ouça

É pequeno
o destino
do teu sonho
e do meu

Se alguém
te viu passar
se o caminho
te pertence
    segue
e sorri

Voz

Átimo
instante
entre marés

Algo
me nomeia
busca minha mão

Não diz
onde é o poente
se a noite será calma
se a onda
leva ao dia
se há o tempo
de um aceno

Nu

Só
neste mar
dispo
minha sombra

Só
neste mar
sou outro
que ela

Noite

Fria
escura hora
espera
pela madrugada

lá
quem sabe
ainda
é verão

Paisagem

> *Não vejo e arde*
> *não sei e é*
> *tarde*
>
> A. F. De Franceschi

De volta
procuro vestígios
do que me soube
   febre, querer
   começo, fim
marcas
do percurso

Encontro
o vento
sopro feito sombra
e quimeras
em pedaços
nas escarpas
de carne e palavra

E ali
adiante:
a Ilha Rasa

Ritos de passagem

Na tarde
exausta
rasguei
nossos mitos

Deixo palavras
à espera da chuva
que sei
não tarda

Do tempo

Para José Mindlin

Hora descarnada
não lembra
não tarda
hora rasa
nomeia a todos
convoca os deuses
e sem demora
vira a página

Ícaro

O sol
que cega a manhã
desperta
a derrota
do meu voo

Memorando

Esta tarde
antes que a sombra
vá
salgar caminhos pela noite
visito ruínas
e ouço o vento
nas frestas
de pudor e medo

Assim
me lembro

Beleza

Sua luz
me toca
no vazio
onde mora o poeta

Anotação de viagem

Só me sei
onde não sou

Corpo presente

Difícil
mesmo
amar o próximo
aquele
outro
em nós

Natal

Hoje
calo o verso
com que engano
o poeta que me habita
e lembro
    um menino
    filho de carpinteiro
a quem busco
nas catedrais do instante
na dor das calçadas
na noite indiferente

É Natal
dá-nos, menino
ao menos esta noite
a tua mão

Despedida

De meu sonho
pouco sou
e poeta
se o fosse

Vou
saber meu corpo
antes da manhã
saber meu sonho
antes da noite

Visita

Ela chega
com o vento

e despreza
outros
insones
à sua espera

Abismo

Esse nada
iníquo
todo meu

Galo

Teu canto
inútil, descabido
veste
a noite fria

Maio

Birthday, death day — what day is not both?

J. Updike

Neste fim de maio
estranho cortejo
um
depois o outro
o que foi
o que irá
tudo, assim
como quer o Deus

Então
por que dói
e assombra
neste fim de maio
a lembrança
que já não rasga
não salga a ferida
e nem por isso
é amiga?

Resta
a fresca folhagem
daquele pau-brasil
que cresce
viçoso
como o sonho
que um dia
soube ter

Neste fim de maio
nem fim
nem começo
só
um
depois o outro

Laudo

Ouço
o que canta

Sinto
o que fere

Pouco
sou

Godot

Dei-te a solidão do dia inteiro
S. M. Breyner Andresen

Te aguardo
à beira de mim
como se valesse
minha pena

Contra Rousseau

Todos se acostumam
a tudo

J.-J. Rousseau

Às vezes
esqueço
dói mais
se não lembro

Contra Sartre

Antes
do nada
é tudo
virtual

Xilogravura

O que espera
mora
na lua fria
que trago no peito

Ainda assim
   a chama que resta
   onde acendo
   solene
minha bituca

Proustiana

A memória
traz a luz
   estuante
como foi

Quanto ao resto
pouco, tanto
   já não lembro
mas sei

Espelho

És o que te sonha
T. A. Neves

cada
verso
retrato
reverso

Linguística

Busco
um idioma

Busco
a palavra nua
que as palavras
escondem

Cidades imaginárias

*¿Lo que se pierde
es lo que queda?*

J. Cortázar

Na tarde
   estrangeira
   a lembrança:
pequenas vitórias
feridas inglórias
   meu parco
   risível legado

Desiderato

Ser
aquela sombra
mais um dia
até a noite

Travessia

Nesta nau
trago miragens
e a brisa
que me sopra

Viajo
senhor das velas
do sextante
e das estrelas
    só me falta
    querer chegar

Rosa dos ventos

Nem mesmo
aquele medo
frio, movediço
mostra o caminho

Por que mesmo
meu passo?
Até onde
o deserto?

A volta

Falso
instante:
nem espera
nem adeus

Legado

Estas
poucas
palavras
e a chave do mar

Sobre elas

Guardo palavras
como se fossem
minhas
e pudessem
me trazer sentido

mas sei
quando for
alguma delas
   um dia
me dirá

Sirtaki

Incauto
piso este chão
como se fosse
terra de plantar

Qual um Zorba
armo o passo
na poeira das sombras
onde dormem
os que foram
levando consigo
as estrelas
e o caminho

Ainda assim
canto, danço
e piso este chão

Chronos

ontem que foi
tenho pra ser
até amanhã
tudo e nada
um dia
só
até lá

Caminhada

Vim
buscar o que perdi
no espanto do dia

nem que seja
seu silêncio

Tchá-tchá-tchá

And so you dance for a brighter silence
P. Auster

Nanotempo
entre agora
e logo mais
esse nada
esse triz
meu espaço
inclemente
já história
que não foi

É nele
sem alento
desde há tanto
onde danço
minha giga
e às vezes
só às vezes
mais um pouco
tento ser

Declaração de bagagem

Meu verso
certa medida
da tarde que resta
palavra exausta
à busca
dos deuses silentes
e da beleza
que inventamos
um dia
no horror do instante

Meu verso
inútil quadratura
só canto e compasso
   escassa
    rouca voz
no vento

Balanço geral

Não é meu
o caminho
Só o abismo
e a pá

Norte

No fio da noite
o dedo da besta
mostra a porta
ali

Fiat Lux

Si je parle du temps
c'est qu'il n'est déjà plus

R. Queneau

sem medo
    certeira incisão
na aura polida
da lembrança

o sol
de quase cegar
na correria
pelos balões

o voo das pipas
desafio insolente
ao vidro picado
nas linhas
da garotada

a pele salgada
no turbilhão
dos jacarés
nossa esquadrilha
sem medo
da bandeira vermelha
no posto 3

e lá
nas dunas
   que não são mais
a menina
de olhos verdes
e a clara luz
daquelas noites

vejo
um garoto magrela
joelho ralado
de febre, sonho e desejo
mas também
daquela certeza
nem sempre serena
de mais um dia

lembro
   banho tomado
a melancolia
das tardes ralas
de domingo
   tempo suspenso
em ouro
sobre azul
daquele Tesouro
da Juventude

Fonte

Volta
por vezes
aquela paisagem
de névoa e luz

Na sombra
daquela pedra:
a minha fonte
brotando água fresca

Há tanto
não bebo
no sussurro
daquela água

O dia
come o tempo
e a tarde
leva a luz

Resta
a sede
de tudo
que não fui

Perguntar não ofende

se molhar
literalmente
como faço
a cada dia
minha pena
lá na sépia
da lembrança
　　farei eu
　　literatura?

Sem maracas

A memória que resta
meu baço tesouro
um punhado de rimas
que trago comigo
o pistom em surdina
   saeta, solea, Aranjuez
perdendo a cadência
no vazio da tarde

A memória que resta
   já elegia...
quase-ausência

Evidência

ensaio
meu passo
o sol
pousado no ombro

a sombra
que faço
me diz
que existo

Revoada

touch the palm of your hand
to my body as I pass

W. Whitman

Parto
rosto no vento
na mesma manhã
das aves grisalhas
seguindo as estrelas
   aquelas, vagas
da Ursa Maior

Parto
sem memória
sem irmão
rufando penas
na madrugada

Parto
porque tenho frio
e — bem sei
porque é preciso

Parto
sem um pio

Vertigem

Por que o medo
dessa queda
sem mim?

Pois é

há quem ache
que não é tempo
e quanto mais
melhor

também há
quem não

Górdio

Com teu fio
Ariadne
a pau e corda
um dia
desatento
fiz meu nó

Peregrino

Até mesmo
neste abismo
   palmo a palmo
meço o caminho
que me leva
à manhã

Lá
   quem sabe
farei um dia
do qual queira
me lembrar

Iníqua

Para Helena
mil navios
seu Paris, seu Menelau
e gregos e troianos
a dar com o pé

Para você
menina
este seu Aquiles
e um verso manco...
de calcanhar

Argonautas

À proa
onde cabem
navegam
os heróis

Embaixo
com os remos
prestimosos
vamos nós

Não recuso
a cadência
só não gosto
do tambor

Tic-tac

Antes
do instante
é tempo

Duro
é partir
sem tua mão

Viajante

Hoje também
    todo esmero
arrumo a mala
como quem sabe
aonde vai

Contra Lavoisier

Tudo
aos poucos
se faz
nada

Epitáfio

só, agora
só agora

Cartografia

ele era poeta
como quem se afoga

V. de Moraes

Não vai longe
minha lavra...
mas dói
se cavo onde
    por enquanto
sei de mim

Estranho ofício...
esse

No jardim

Para meus irmãos

dele, hoje
plantei as cinzas
virando a terra
com meus irmãos

será um dia
pé de silêncio
junto ao rio
de minha infância

nunca antes
quis saber
aonde ia
aquele rio

lá estava
no jardim
lá estava
e corria

hoje sei
aquele rio
seu murmúrio
naquele chão

aonde corre
aonde leva
hoje sei
que só espera

Ausência

no orvalho
do jardim
cresce um pau-brasil

pena
eu, lá
não brinco mais

A passeio

o dia vai
pé ante pé
em seu caminho

dir-te-ei
se preciso
é tempo, e passa

Autorretrato

Primeiro os olhos:
oci ciornie
escuros
como a noite insone
escuros como aqueles
que fogem de espelhos

o nariz:
reta interrupta
    em proa
e nem por isso
pronto a singrar
outros mares
navegar sem preciso
do posto 3
ou Palos de Moguer

minha testa:
não se franze
tão sisuda como outras
esta aqui
    cenho frouxo
é só febre
de um afago

a boca:
pequena
no exato tamanho
do que quer morder
do que tem a dizer
e seu canto, curvo
canto de pouco canto
do qual — por vezes
escapa o verso

já o queixo
hirsuto
pouco diz
mas ainda
trinca o dente
    se preciso
e pur si muove
a cada dia
no assombro das vogais

sem mais
por ora
    minha cara
sinto muito...
a cada qual
o seu semblante
e seu Rembrandt

Brincadeira

Crianças
que fomos
fitamos o outro

Um
sempre
acaba piscando

Permanência

Quero meu verso
riscado na areia
da praia vazia
meu rastro desfeito
a tempo
na onda que vem
palavra que dorme
só minha
inútil e bela
afinal

Bênção

Toma meu sonho
filho
em teus olhos

minha oração
quieto acalanto
à tua noite

Retrato

Quando for
   breve
ou também — mais tarde
e aqui restar
o pouco de mim
em você
lembre
o canto ralo
    triste, precário
meu rosto
no oco da noite

Vigília

Bem à beira
na penumbra
aguardo

Nem mesmo
o desalinho
de um aceno

Soma zero

querer dizer
num sopro

dizer, sim
sem ser ouvido

é tudo
sem sentido?

Estelionato

quando vier a noite
será meu
o seu silêncio

Górdio

*for as long
as forever is*
Dylan Thomas

Antes de mim,
comigo
dor baça da infância
em cada mão, cada talho
a febre do afago

Do chumbo das lousas
mil bilhas coloridas
no tropel desabalado
pela seda dos balões

E no eco das calçadas
e na goma dos lençóis
e na tinta pela folha
foi-se em medo, sempre medo

Frente a mim
comigo
em cada vão, cada fresta
só
o nó do tempo

Confiteor

Quero
o gesto breve
qual o pouso da mão
que dá forma às nuvens
e afaga o olhar

Busco
o murmúrio da tarde
o espanto das crianças
que pisam canteiros
e aprendem a rezar

Tenho
já o gosto da noite
o perfume de um lírio
tudo enfim e só
o que quer o Deus

Triz

Ínfima flor
entre escombros
lasca de vida
só e ali

força de ser
a todo custo
delírio e desejo
em caule só

trêmula cor
em meio a nada
te colho
como és

Oração

Uma ausência terna
uma dor já fosca
e um pequeno frio
entre agora e daqui a pouco

Quase um triz
a cada dia
só o que baste
a alongar a noite

Já não é bem nossa
aquela dor
mas não somos
sem sua mão

Memória

Lembrar
é ser longe

Um por vez

Bem sei
o que resta
é só instante

Quero ir-me
antes que tarde
sem rastro
sem sussurros

Bem sei
falta descer
sem tristeza
no quieto mergulho

Mas Senhor, não sei
lá verei
a quem se foi?

São Sebastião

De tantos punhais
que trago no peito
daquele grão
que o vento soprou
de amores outros
que não vivi
e de todos os medos
   do sempre
   do nada
   de mim
Mais medo, aquele
de ainda lembrar

Embarque

Não é hora
nem nada, não
Mas vou
Por que aqui, agora?
Com este corpo
este verso
e a alma pouca?
Mas vou,
vou sem demora
porque já basta
porque é tempo
E vou,
enquanto lembro
mais esta hora
de tua mão

Eco

Nem trova
nem reza
À volta
seu silêncio
É dele
meu caminho?

Parati

Parecia uma sombra
Você quis abraçá-la
E era eu

P. Salinas

Nunca te enganei
com minha canção
Ou só às vezes
quando tive medo
ou muito frio
Sempre te olhei
do fundo do olho
e *sottovoce*
mostrei
o resto de carne
o turvo desejo
e sonhos e sombras
escuro lago
rodamoinho
onde podes nadar
menina,
se me quiseres

Rio Kwai

Sol desperto
não me verás partir
punho cerrado
o orvalho da noite
no sulco da mão
e já rouco
do que calei
rego o verso amargo
   gume e aresta
    é teu e o fiz
é hino de marcha
sem tambor nem fanfarra
pra dar a cadência
ao descer a ravina
com o pouco que resta
o cantil de cicuta
e o que já esqueci

Sem estrelas

Que fazes ali
filho da noite
alma escura
olhando a parede?

Que fazes ali
irmão esquerdo
que horizonte aquele
onde canta a besta?

Ao caminhante

Só às vezes, à noite
Se pensa conhecer o caminho

R. M. Rilke

Segue adiante, menino
qual seja o caminho
sem perder a certeza
de que não temos destino
nem queremos chegar

Segue adiante, menino
já que o passo consola
e a beleza te toca
nem que seja uma vez
com o dedo do Deus

Em tempo

Bom teria sido
avisar a andorinha:
tudo se fará sem ti
até mesmo o verão.
E a vertigem do teu voo
é o que é. Nada mais

A Caronte

Não falta quem diga
pressuroso, entredentes
que meu passo é pouco
indeciso e fraco
nas calçadas quebradas
do nosso caminho.
E também advirta
bom amigo que é:
meu olhar é disperso
não mostra o que piso
perdido que está
na lembrança — só minha
de sonhos antigos
em tolo esperanto.
Mas sei, bem sei...
a vontade que resta
do pouco que foi
ainda trinca o dente
ainda cerra o punho
como aperta tua mão.
E mais — só mais isto:
não fujo de Dante
e não temo o barqueiro
o sinistro Caronte
que chamo de irmão

Passarinhando

Sempre me quis
    piamente
passarinho
irmão de pena
que leva o vento
debaixo do braço
Sonhar alto
a cada instante
reter do voo
o gesto claro
— o meu trajeto
E mais ao longe
    lá
o fresco ar
que é só espaço
pro meu desenho

Pois é, passarinho
para com isso
até eu sei
que isso passa

Capri

Amaranto na rocha Neruda
Açucena em fundo infinito
Alcaçuz no cheiro do vento
Aquarela em todos nós

Chumbo

Para G. Mayrink

Bem lembro
pediam nossos documentos
nas ruas, aeroportos, estações
nos revistavam
prendiam, interrogavam
e às vezes
torturavam e matavam
Mas só
às vezes

Espera

Estranho esse rio
que corre para a foz
onde o velho cansado
e o menino inquieto
zelam seus caniços

Estranho esse rio
leva a terra que lambeu
na fúria das corredeiras
e o grão — inchado de luz
para ir a parte alguma

Estranho esse rio
onde ambos — velho e menino
fingem pescar

Lavra

Só em mim
noite infinda
nem vertigem
nem descanso
Lá o vão
que ainda cavo
e o negro ralo
do meu verso

CADASTRO
ILUMI//URAS

Para receber informações
sobre nossos lançamentos e
promoções, envie e-mail para:

cadastro@iluminuras.com.br

Este livro foi composto em Legacy pela *Iluminuras*
e impresso nas oficinas da *Forma Certa Gráfica*, em
Barueri, SP, em papel off-white 80g.